ຊັບເຜົ່າຂອງຂ້ອຍ

ໂດຍ: ແດບບີກາ ແພດເຕີສັນ
ຮູບໂດຍ: ນິຊິ ບຣັອກແອວ

Library For All Ltd.

ຊຸບເຜົ່າຂອງຂ້ອຍ

ຈັດພິມຄັ້ງທຳອິດໃນປີ 2019. ແປ ແລະ ຈັດພິມໃນ ສປປ ລາວ ປີ 2019.

ຈັດພິມໂດຍ: ອົງການ Library For All
ອີເມວ: info@libraryforall.org
URL: libraryforall.org

ປື້ມພາສາລາວເຫຼັ້ມນີ້ ຖືກສະໜັບສະໜູນໂດຍການຮ່ວມມືຂອງ

ຮູບແຕ້ມຕົ້ນສະບັບໂດຍ ມິຊ໌ ບຣ໌ອກແອວ

ຊຸບເຜົ່າຂອງຂ້ອຍ
ແພດເຕີສັນ, ແຄນບິກາ
ISBN: 978-9932-09-056-3
SKU00860

ໃນກອງທັບຂອງຂ້ອຍເຈົ້າສາມາດ
ໄດ້ຍິນສຽງຮ້ອງປະທູາດຂອງສັດ
ເຖິງບິກເຖິງບ້າເມື່ອພວກເຮົາເຄິບ
ຜ່ານບິງ.

ໂດດສອງສາມສີ່!
ໂດດສອງສາມສີ່!

ກອງທັບກິບ.

ໃບທໍຄອຍຂອງຂ້ອຍເຈົ້າບໍ່ຈຳເປັນ
ຕ້ອງມີລິຟ ຫຼື ຂັ້ນໄດເລື່ອນເພື່ອໄປບ່ອນສູງສຸດ.
ແຕ່ກະລຸນາຈັບໃຫ້ແໜ້ນ!
ຂຶ້ນໄປບໍ່?

ທໍຄອຍຈິຕາບ.

ໃບຝູງຂອງຂ້ອຍພວກເຮົາຮັກໃນ ກາບຫຼຶບ, ໂດດໄປມາຢ່າງມີຄວາມສຸກ ແລະ ລອຍຂຶ້ນລິງຜ່ານຄົບບ້າ. ສຽງສະທ້ອນ ຊ່ວຍບ່າຫາງພວກເຮົາ.

ຄລິກ, ສຽງຫວິດ, ສຽງຫວິດ, ຄລິກ, ຄລິກ. ພວກເຮົາສື່ສານດ້ວຍສຽງພິເສດ.

ຝູງປາໂລມາ.

ໃນວົງຂອງຂ້ອຍ ເຈົ້າຈະເທັບພວກຂ້ອຍລົມແຊວ
ແລະ ຮ້ອງເພງໃນຂະນະທີ່ພວກຂ້ອຍ
ອະບາໄມໂຕອື່ນໆໃນກຸ່ມ.

ຟັງຈັງທອະດັບຕໍ ແລະ
ກົບຕົບຂອງເຈົ້າ!
ວົງດັບຕໍ ໂກລິລາ.

ໃບສອບເບ້ຍໄມ້ຂອງຂ້ອຍ
ອ້າຍເອື້ອຍບ້ອງທ່ໃສ່ໜ້າກາກດຳ
ເປັນນັກປິ່ນຕົ້ນໄມ້ທ່ສະຫງາດ ແລະ
ລອຍນ້ຳເກັ່ງຄ່ກັບຂ້ອຍ.

ພວກເຮົາກ໊ນໄດ້ເກ໊ອບທຸກຢ່າງ!
ແຊບ-ແຊບ-ແຊບ...ກ໊ນບ່ເລ໊ອກ

ສອບເບ້ຍໄມ້ຂອງ ໂຕແຮກຄູບ.

ໃບທຸລະກິດຂອງຂ້ອຍ ການເຮັດວຽກຂອງພວກເຮົາ
ອາດຈະເຮັດໃຫ້ເຈົ້າຄິດແລ້ວຄິດອີກ ສິ່ງໄສຄວາມ
ເຊື່ອຖືຂອງຊົນເຜົ່າພວກເຮົາ.

ຊັ້ຫຼື້ນຂອງຂ້ອຍແມ່ນ
“ຄົນຊີ້ລັກນ້ອຍ” ເພາະຂ້ອຍຊີ້ລັກ
ແລະເຊື່ອງຊັບສົມບັດນ້ອຍໆ.

ທຸລະກິດຂອງຈອບຟອບ.

ພວກເຮົາມັກເທດ ແລະ ຜິນ.
ຈົ່ງແນ່ໃຈວ່າເລື່ອງຂອງເຈົ້າ ກົງໄປກົງມາ ຖືກຕ້ອງທີ່ສຸ
ທຸ່ບໍ່ດັ່ງນັ້ນເຈົ້າອາດຈະເຈັບໂຕ!

ຝູງສັດຈຳພວກທີ່ມີຖົງພາຍລ້ຽງລູກ ກໍ
ເຄື່ອງຈັບຜິດທີ່ໝ້າອັດສະຈັບ.

ຝູງຈົງໂຈ້.

ໃນຕຽງນອນຂອງຂ້ອຍມີຜີວ
ໜັງເປັນເກັດເລືອໄປມາ, ເປົ່ງສຽງເບົາໆເວລາ
ທີ່ພວກເຮົາງີບຫຼັບ. ເຈົ້າບໍ່ຢາກປຸກພວກຂ້ອຍ
ຕື່ນໂດຍບໍ່ເຕືອນກ່ອນ.

*ມັນເປັນຄວາມທ້າທາຍທີ່ຈະເຮັດໃຫ້ມີ
ຄວາມອົບອຸ່ນເມື່ອເຈົ້າເປັນສັດເລືອດເຢັນ.*

ຕຽງນອນຂອງງູ.

ใบໜ້ນ້ຳຂອງຂ້ອຍເຈົ້າຈະບໍ່ພັບ
ฟອງນ້ຳ. ດ້ວຍປີກທີ່ມີໃຍກວ້າງ
ເຮົາຈຶ່ງບິນຂຶ້ນແລະລົງ ທຸ້ບອນ
ຫຼັບໃບຖ້ຳມົດໂດຍເອົາທີ່ອຍ່ອນລົງ.

ເຈົ້າຮູ້ບໍ? ເຈຍເຫົ່ານັ້ນທີ່ເປັນ
ສັດລ້ຽງລູກດ້ວຍນ້ຳນົມ
ທີ່ສາມາດບິນໄດ້ຢ່າງແທ້ຈິງ.

ໜນ້ຳຂອງເຈຍ.

ໃນໂຮງຮຽນຂອງຂ້ອຍເຕັມໄປ
ດ້ວຍສັດທະເລທີ່ຖັດສະຈັບ,
ເຈົ້າຈະເຫັນພວກເຮົາຮຽນຮູ້ກ່ຽວກັບ ເບັດ,
ສາຍເບັດ ແລະ ກ່ອງຖ່ວງນ້ຳໜັກ.

ເປັນຫຍັງປາຈຶ່ງສະຫຼາດ?
ເພາະວ່າພວກເຂົາເຂົ້າໂຮງຮຽນ
ຕະຫຼອດເວລາ.

ໂຮງຮຽນຂອງປາ.

ໃນຄາຮາວານຂອງຂ້ອຍ
ພີ່ນ້ອງຂ້ອຍມັກໄປຕັ້ງຄ້າຍແຄມນ້ຳ.
ພວກເຮົາດຶມນ້ຳກ່ອນລະດູແລ້ງມາຮອດ
ແລະເຮັດໃຫ້ພວກເຮົາໂຫດ.
ອຸປກອນທີ່ຕ້ອງທ້ອນ້ຳ!

ຄາຮາວານຂອງຮູດ.

ໃບເຈ້ຍຂອງຂ້ອຍເຈ້າອາດພິບອ່າມັນ
ເປັນເລື່ອງຍາກທີ່ຈະແຍກຄວາມແຕກຕ່າງ
ຂອງພວກເຮົາ, ແຕ່ເສື້ອກັບໝວກທີ່ມີລາຍພິ
ເສດຂອງພວກເຮົາ ແຕ່ລະອັນເປັນເອກະລັກ.
ສະກິດຣອຍຕາມແມ່ນວິທີຂອງພວກເຮົາ.
ລາຍໝາງຕາກໍຄືສິຂອງພວກເຮົາເອງ.

ດັກຊຸ້ມ, ເທຍື່ອ, ໂຈມຕິ!

ເຈ້ຍຂອງເສືອຈາກິວ.

ใบรั๋งຂອງຂ້อยມໍ้ກ้ามປูແລะ
ทๅๆทໍ່ເປ็ບພິດໄວ້ถิບจับ ແລະ ຕอຄ.
ລະอั๋ๆปายຕ໋ຂອງเจ้ๅ ເມ໋ืອเจ້ๅย่ๆ
ໄປภาย.

ສัຄເລ໋ือຄาບທ໋ີຫມ้ๅແປກເທ໋ๅ໋บ໋ี
ธัภสาຄอาມเย໋ับໂຄยภาບฝั໋ๆโຕเอๆ
ลิໆໄປໃບທະເລຊายທໍ່ຮ້อບ ແລະ ແທ້ໆແລ້ໆ.

ธั໋ๆຂอๆແມໆๆอຄ.

ໃນໂລກຂອງຂ້ອຍເຈົ້າຈະໄດ້ພົບພັບ ເພື່ອນຈາກ
ທຸກຊົນເຜົ່າທີ່ແຕກຕ່າງໆກັນ. ບໍ່ຕ້ອງເປັນ
ຫ່ວງອ່າຜູ້ໃດແມ່ນໂຕຫຍັງ,
ພວກເຮົາກໍ່ຈັດງາບລ້ຽງທີ່ຮັດສະຈັບຮ່ອມກັບໄດ້!

ຂໍ້ມູນທາງບັນນາບຸກົມຂອງຫໍສະໝຸດແຫ່ງຊາດ

ແດນບິກາ ແພກດຕິສັບ

ຊິນເຜົ່າຂອງຂ້ອຍ 3 / ໂດຍ ແດນບິກາ ແພກດຕິສັບ.
-- ວຽງຈັນ: ມັກອ່ານ, 2020

36 ໜ້າ: ພາບປະກອບສີ; 21 ຊມ
1. ວັນນະກໍາສໍາລັບເດັກ
I. ຊື່ເລື່ອງ

808.899282 – dc21
ISBN 978-9932-09-056-3
ເລກທະບຽນພິມຈໍາໜ່າຍ: ຕາມທບ 139 ພຈ 03022020

ກ່ຽວກັບຜູ້ຂຽນ

ທ່ານມັກປຶ້ມເຫຼັ້ມນີ້ບໍ່?

ທ່ານສາມາດອ່ານປຶ້ມແບບນີ້ໄດ້ເພີ່ມເຕີມ
ທີ່ຜະລິດໂດຍອົງການ Library For All

ອົງການ Library For All ຜະລິດສື່ການອ່ານ ທີ່ມີຄຸນນະພາບ
ເໝາະສົມກັບວັດທະນະທຳເພື່ອການສຶກສາ ໂດຍນຳໃຊ້ນະວັດຕະ
ກຳແອັບພິເຄຊັ່ນຫ້ອງສະໝຸດແບບອິນຸກ. ພວກເຮົາເຮັດວຽກຮ່ວມ
ກັບນັກຂຽນໃນທ້ອງຖິ່ນ, ຄູອາຈານ, ທີ່ປຶກສາດ້ານວັດທະນະທຳ,
ລັດຖະບານ ແລະ ອົງການຈັດຕັ້ງທີ່ບໍ່ຂຶ້ນກັບລັດຖະບານ
ເພື່ອມອບຄວາມສຸກຂອງການອ່ານໃຫ້ແກ່ເດັກນ້ອຍ ທຸກໆແຫ່ງ.

ມາອ່ານນຳກັບເຫາະ!
libraryforall.org